Virgem Imaculada da
Medalha Milagrosa

Elam de Almeida Pimentel

Virgem Imaculada da Medalha Milagrosa

Para alcançar uma grande graça

Novena e ladainha

EDITORA VOZES

Petrópolis

© 2023, Editora Vozes Ltda.
Rua Frei Luís, 100
25689-900 Petrópolis, RJ
www.vozes.com.br
Brasil

2ª edição, 2015.
1ª reimpressão, 2025.

Todos os direitos reservados. Nenhuma parte desta obra poderá ser reproduzida ou transmitida por qualquer forma e/ou quaisquer meios (eletrônico ou mecânico, incluindo fotocópia e gravação) ou arquivada em qualquer sistema ou banco de dados sem permissão escrita da editora.

CONSELHO EDITORIAL	PRODUÇÃO EDITORIAL
Diretor	Anna Catharina Miranda
Volney J. Berkenbrock	Eric Parrot
	Jailson Scota
Editores	Marcelo Telles
Aline dos Santos Carneiro	Mirela de Oliveira
Edrian Josué Pasini	Natália França
Marilac Loraine Oleniki	Priscilla A.F. Alves
Welder Lancieri Marchini	Rafael de Oliveira
	Samuel Rezende
Conselheiros	Verônica M. Guedes
Elói Dionísio Piva	
Francisco Morás	
Teobaldo Heidemann	
Thiago Alexandre Hayakawa	
Secretário executivo	
Leonardo A.R.T. dos Santos	

Editoração: Fernando Sergio Olivetti da Rocha
Diagramação: AG.SR Desenv. Gráfico
Capa: Omar Santos

ISBN 978-85-326-3968-4

Este livro foi composto e impresso pela Editora Vozes Ltda.

Sumário

1 Apresentação, 7
2 Histórico, 9
3 Novena, 12
   1º dia, 12
   2º dia, 13
   3º dia, 15
   4º dia, 17
   5º dia, 18
   6º dia, 20
   7º dia, 21
   8º dia, 23
   9º dia, 25
4. Orações, 27
5. Ladainha de Nossa Senhora da Medalha
   Milagrosa, 29

Apresentação

A devoção a Nossa Senhora da Medalha Milagrosa tem sua festa comemorativa em 27 de novembro. Nossa Senhora da Medalha Milagrosa é uma invocação especial por meio da qual a Virgem Maria é invocada. Com esta mesma intenção, a devoção recebe também o nome de Nossa Senhora das Graças e Nossa Senhora Medianeira de Todas as Graças.

Esta representação de Maria surgiu no ano 1830, quando a noviça Catarina Labouré teve uma visão de Nossa Senhora, pedindo que ela mandasse cunhar uma medalha com a sua imagem para que as pessoas obtivessem proteção e fortalecessem sua fé por meio dela. As pessoas que mantivessem a medalha consigo receberiam grandes graças.

Para alcançar bênçãos da Virgem Maria basta ter fé e visualizar a medalha, dizendo: "Ó Maria, concebida sem pecado, rogai por nós que recorremos a vós". É importante propagar a medalha, dando-a a uma criança, aos doentes, aos amigos, aos que estão em dificuldades, entre outros.

Antes de começar a rezar, deve-se fazer o sinal da cruz, rezar o Ato de contrição e dizer três vezes: "Ó Maria concebida sem pecado, rogai por nós que recorremos a vós".

Este pequeno livro contém o histórico, a novena, a oração e a ladainha de Nossa Senhora da Medalha Milagrosa, seguidos de uma oração para o pedido da graça especial, acompanhada de um Pai-nosso, uma Ave-Maria e um Glória-ao-Pai.

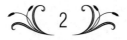

Histórico

Em 1830, Nossa Senhora apareceu, em Paris, a Catarina Labouré, uma jovem religiosa, e lhe ensinou a devoção da Medalha Milagrosa.

Catarina nasceu em 1808, em família camponesa numerosa, numa época em que a França enfrentava as guerras napoleônicas e o liberalismo anticlerical. Ficando órfã de mãe, ajudou a cuidar dos irmãos menores e, depois, resolveu entrar para o Convento das Irmãs Vicentinas, cuja missão era cuidar dos pobres. Era uma religiosa exemplar e, durante 45 anos, dedicou-se ao cuidado dos doentes e velhos com muita paciência e dedicação.

Enquanto Catarina orava na capela do convento das Irmãs de Caridade São Vicente de Paula, surgiu a Virgem Maria sobre um globo, com as mãos estendidas e espalmadas, de onde partiam raios luminosos para todas as direções. Seu pé esmagava a cabeça de uma serpente e vestia uma túnica branca e um manto azul, que lhe caía até os pés, e suas mãos estendidas traziam nos dedos vários anéis com pedras, das quais partiam raios de luz.

As primeiras palavras da Virgem a Catarina foram: "Estes raios são o símbolo das graças que derramo sobre as pessoas que me invocam". Em volta da Virgem, formou-se uma espécie de arco, onde estavam escritas, em letras de ouro, as palavras: "Ó Maria, concebida sem pecado, rogai por nós, que recorremos a vós". Ouviu a noviça uma voz dizendo para ela mandar cunhar uma medalha com sua imagem para que as pessoas obtivessem proteção e fortalecessem sua fé por meio dela.

Catarina de Labouré era uma pessoa discreta e guardou sigilo das aparições da Virgem (ninguém no convento sabia que ela era vidente, com exceção da madre superiora e de seu confessor).

Passaram-se dois anos sem que os superiores eclesiásticos decidissem o que fazer a respeito do pedido da Virgem. Somente após alguns fatos extraordinários acontecidos é que a Igreja deu autorização para a execução da medalha, por ordem e aprovação do Arcebispo de Paris, Mons. Quélen.

Em 1832, a primeira medalha foi entregue à irmã Catarina. A propagação da medalha foi grande e começaram a surgir histórias de milagres e conversões pela intercessão de Nossa Senhora das Graças através de sua Medalha Milagrosa.

O Papa Gregório XVI aprovou e abençoou a medalha, confiando-se à proteção dela e conservando-a junto a seu crucifixo. Pio IX, seu sucessor, gostava de dá-la como presente.

Em outras aparições subsequentes, a Virgem Maria falou a Catarina da necessidade da fundação de uma Associação das Filhas de Maria que foi aprovada em 1847 pelo Papa Pio IX. Em 23 de junho de 1894, o Papa Leão XIII instituiu a Festa da Medalha Milagrosa.

Irmã Catarina faleceu aos 71 anos de idade e seu enterro foi acompanhado por muitos devotos, sendo beatificada em 1933 por ter dado ao mundo a possibilidade de conhecer que Maria é a medianeira de todas as graças. Em 1980, quando se comemoraram 150 anos da revelação da Medalha Milagrosa, o Papa João Paulo II compareceu como peregrino ao local das aparições.

NOVENA

1º dia

Fazer o sinal da cruz.
Rezar o Ato de contrição.
Repetir três vezes: "Ó Maria concebida sem pecado, rogai por nós que recorremos a vós".

Contemplemos a Virgem Imaculada, em sua primeira aparição a Santa Catarina de Labouré. A piedosa noviça, guiada por seu anjo da guarda, é apresentada à Imaculada Senhora. Consideremos sua inefável alegria. Seremos também felizes, como Santa Catarina, se nos privarmos dos gozos terrenos.

Leitura do Evangelho: Jo 1,1-4
>No princípio era a Palavra e a Palavra estava com Deus, e a Palavra era Deus. No princípio ela estava com Deus. Todas as coisas foram feitas por meio

dela, e sem ela nada se fez do que foi feito. Nela estava a vida, e a vida era a luz dos seres humanos.

Reflexão

Maria foi escolhida antes da criação do mundo; desde a eternidade foi predestinada para ser a Mãe do Verbo que em seu seio se fez carne.

Rezar três Ave-Marias, acrescentando em cada uma: "Ó Maria concebida sem pecado, rogai por nós que recorremos a vós".

Virgem Imaculada da Medalha Milagrosa, a vós peço com toda confiança... (falar a graça que se deseja alcançar).

Virgem Imaculada da Medalha Milagrosa, intercedei por... (falar o nome da pessoa pela qual se está fazendo a novena).

2º dia

Fazer o sinal da cruz.

Rezar o Ato de contrição.

Repetir três vezes: "Ó Maria concebida sem pecado, rogai por nós que recorremos a vós".

Na capela escolhida por Deus, Nossa Senhora veio revelar sua identidade a Catarina Labouré através de um pequeno objeto, uma medalha, destinada a todos, sem distinção.

A identidade de Maria, Mãe de Deus, é revelada. Nossa Mãe é reconhecida como sem pecado desde o começo de sua concepção. Maria é a primeira a ser resgatada pelos méritos de Jesus Cristo. Ela é luz para todos nós.

Leitura do Evangelho: Mt 1,18

A origem de Jesus Cristo, porém, foi assim: Maria, sua mãe, estava prometida em casamento a José. Mas, antes de morarem juntos, ficou grávida do Espírito Santo.

Reflexão

Nossa Senhora foi criada na graça da pureza e da virgindade, predestinada a ser a Mãe de Jesus. Ela demonstra fidelidade a esta consagração quando o Anjo São Gabriel anuncia que fora escolhida para Mãe do Filho de Deus. O Filho nela gerado foi obra do Espírito Santo, sem intervenção humana.

Rezar três Ave-Marias, acrescentando em cada uma: "Ó Maria concebida sem pecado, rogai por nós que recorremos a vós".

Virgem Imaculada da Medalha Milagrosa, a vós peço com toda confiança... (falar a graça que se deseja alcançar).

Virgem Imaculada da Medalha Milagrosa, intercedei por... (falar o nome da pessoa pela qual se está fazendo a novena).

3º dia

Fazer o sinal da cruz.

Rezar o Ato de contrição.

Repetir três vezes: "Ó Maria concebida sem pecado, rogai por nós que recorremos a vós".

As palavras e desenhos gravados no verso da medalha expressam uma mensagem sob três aspectos intimamente ligados: "Ó Maria concebida sem pecado, rogai por nós que recorremos a vós".

Maria, imaculada desde sua concepção por méritos da paixão de Jesus, seu Filho, decorre da força poderosa de intercessão que ela exerce para com aqueles que a rogam. Eis por que devemos recorrer a ela nas nossas dificuldades.

Leitura do Evangelho: Lc 1,46-47

> Minha alma engrandece o Senhor e rejubila meu espírito em Deus, meu Salvador.

Reflexão

Maria se entregou inteira a Deus. Uma mulher bela, pura, imaculada, humilde, silenciosa, mas presente em todos os momentos da vida de Jesus e em nossa vida. Louvemos a Deus Pai por ter criado Nossa Senhora e rezemos a ela em nossos momentos de aflição.

Rezar três Ave-Marias, acrescentando em cada uma: "Ó Maria concebida sem pecado, rogai por nós que recorremos a vós".

Virgem Imaculada da Medalha Milagrosa, a vós peço com toda confiança... (falar a graça que se deseja alcançar).

Virgem Imaculada da Medalha Milagrosa, intercedei por... (falar o nome da pessoa pela qual se está fazendo a novena).

4º dia

Fazer o sinal da cruz.

Rezar o Ato de contrição.

Repetir três vezes: "Ó Maria concebida sem pecado, rogai por nós que recorremos a vós".

Na aparição a Catarina de Labouré, os pés da Virgem pisam uma metade da esfera e esmagam a cabeça de uma serpente. A semiesfera é o globo, é o mundo. A serpente representa as forças do mal. A Virgem engaja-se no combate espiritual, o combate contra o mal, do qual o mundo é o campo de batalha.

Leitura bíblica: Ef 6,12

A nossa luta não é contra forças humanas, mas contra os principados, contra as autoridades, contra os dominadores deste mundo tenebroso, contra os espíritos maus dos ares.

Reflexão

Nossa Senhora é soberana. Seu poder e sua força são esmagadores, pois nela está o poder de Deus. Ela pisa a cabeça da serpente, a qual representa as forças do mal, e zela por toda a humanidade.

Rezar três Ave-Marias, acrescentando em cada uma: "Ó Maria concebida sem pecado, rogai por nós que recorremos a vós".

Virgem Imaculada da Medalha Milagrosa, a vós peço com toda confiança... (falar a graça que se deseja alcançar).

Virgem Imaculada da Medalha Milagrosa, intercedei por... (falar o nome da pessoa pela qual se está fazendo a novena).

5º dia

Fazer o sinal da cruz.

Rezar o Ato de contrição.

Repetir três vezes: "Ó Maria concebida sem pecado, rogai por nós que recorremos a vós".

As mãos da Virgem estão abertas e seus dedos estão adornados com anéis revestidos de pedras preciosas, de onde saem raios que caem sobre a terra, ampliando-se para baixo.

O brilho desses raios, bem como a beleza e a luz da aparição, descritas por Catarina, justificam e alimentam nossa confiança na fidelidade de Maria (os anéis) para com o Criador e seus filhos, na eficácia de sua intervenção (os raios de graça que caem na terra) e na vitória final (a luz), pois Ela, primeira discípula, é a primeira resgatada.

Leitura bíblica: Ap 12,1

> Apareceu no céu um grande sinal: uma mulher vestida de sol, com a lua debaixo dos pés e na cabeça uma coroa de doze estrelas.

Reflexão

Maria é um sinal de esperança; é o socorro divino para todos. É a luz para a humanidade, pois se manteve fiel ao plano da salvação divina. A coroa de Maria significa que ela é a base, o sustentáculo que une todos a Jesus.

Rezar três Ave-Marias, acrescentando em cada uma: "Ó Maria concebida sem pecado, rogai por nós que recorremos a vós".

Virgem Imaculada da Medalha Milagrosa, a vós peço com toda confiança... (falar a graça que se deseja alcançar).

Virgem Imaculada da Medalha Milagrosa, intercedei por... (falar o nome da pessoa pela qual se está fazendo a novena).

6º dia

Fazer o sinal da cruz.

Rezar o Ato de contrição.

Repetir três vezes: "Ó Maria concebida sem pecado, rogai por nós que recorremos a vós".

Alguns meses após a aparição, Catarina, cuidando dos anciãos, volta a falar ao seu confessor, Padre Aladel, que é preciso fazer cunhar a medalha. Em fevereiro de 1832, uma epidemia de cólera mata muitas pessoas. As medalhas são distribuídas e, logo em seguida, cessa a epidemia.

Leitura do Evangelho: Mt 9,20-22

Nisso, uma mulher, que há doze anos sofria de hemorragia, achegou-se por trás e lhe tocou a borda do manto. Pois ela pensava: Se eu ao menos tocar o manto dele, ficarei curada. Jesus virou-se e, vendo-a, disse: "Filha, tem confiança, a tua fé te curou. E naquele momento a mulher ficou curada.

Reflexão

A fé salvou a mulher. A fé em Nossa Senhora, por meio da Medalha Milagrosa, cessou a epidemia de cólera na época de Catarina de Labouré. Para quem crê tudo é possível, pois para Deus nada é impossível. Nossa Senhora sempre confiou no amor e na vida em Deus. Por isso aceitou ser a Mãe de todos nós.

Rezar três Ave-Marias, acrescentando em cada uma: "Ó Maria concebida sem pecado, rogai por nós que recorremos a vós".

Virgem Imaculada da Medalha Milagrosa, a vós peço com toda confiança... (falar a graça que se deseja alcançar).

Virgem Imaculada da Medalha Milagrosa, intercedei por... (falar o nome da pessoa pela qual se está fazendo a novena).

7º dia

Fazer o sinal da cruz.

Rezar o Ato de contrição.

Repetir três vezes: "Ó Maria concebida sem pecado, rogai por nós que recorremos a vós".

A medalha traz no seu reverso uma inicial e desenhos. A letra "M" tem uma cruz em cima. Os dois sinais mostram a relação indissolúvel que ligou Cristo e Nossa Senhora.

Embaixo, dois corações, um contornado de uma coroa de espinhos, o outro transpassado por uma lança. O coração coroado de espinhos é o Coração de Jesus. Lembra o episódio da Paixão de Cristo. O coração transpassado por uma lança é o coração de Maria, sua Mãe.

A aproximação dos dois corações expressa que a vida de Maria é de intimidade com Jesus. As doze estrelas gravadas ao redor da medalha correspondem aos doze apóstolos e representam a Igreja. A medalha é um apelo à consciência de cada ser humano, para que escolha, como Jesus e Maria, o caminho do amor.

Leitura do Evangelho: Jo 1,14

E a Palavra se fez carne e habitou entre nós.

Reflexão

Nossa Senhora, escolhida por Deus para ser a Mãe de Jesus, representa o amor, a pureza. É a Imaculada Conceição. Ela retrata Deus e tem origem no coração do Criador. Isso faz dela a grande medianeira que nos conduz a Deus.

Rezar três Ave-Marias, acrescentando em cada uma: "Ó Maria concebida sem pecado, rogai por nós que recorremos a vós".

Virgem Imaculada da Medalha Milagrosa, a vós peço com toda confiança... (falar a graça que se deseja alcançar).

Virgem Imaculada da Medalha Milagrosa, intercedei por... (falar o nome da pessoa pela qual se está fazendo a novena).

8º dia

Fazer o sinal da cruz.

Rezar o Ato de contrição.

Repetir três vezes: "Ó Maria concebida sem pecado, rogai por nós que recorremos a vós".

Contemplemos nossa Imaculada Mãe, dizendo em suas aparições à jovem noviça:

"Eu mesma estarei convosco; não vos perco de vista e vos concederei abundantes graças".

Leitura bíblica: Sl 139,9-10

Se me apossar das asas da aurora e for morar nos confins do mar, também aí tua mão me conduz, tua destra me segura.

Reflexão

Nossa Senhora é cheia de graça; a ela Deus concedeu poderes para esmagar a serpente. Dela nasce aquele que é o Caminho, a Verdade e a Vida. Ela está sempre conosco, intervindo junto ao Senhor quando necessário. É nosso escudo e nossa defesa.

Rezar três Ave-Marias, acrescentando em cada uma: "Ó Maria concebida sem pecado, rogai por nós que recorremos a vós".

Virgem Imaculada da Medalha Milagrosa, a vós peço com toda confiança... (falar a graça que se deseja alcançar).

Virgem Imaculada da Medalha Milagrosa, intercedei por... (falar o nome da pessoa pela qual se está fazendo a novena).

9º dia

Fazer o sinal da cruz.

Rezar o Ato de contrição.

Repetir três vezes: "Ó Maria concebida sem pecado, rogai por nós que recorremos a vós".

Ó Virgem da Medalha Milagrosa, Rainha Excelsa, Imaculada Senhora, sede minha advogada, meu refúgio, meu asilo nesta terra. Sede minha fortaleza e defesa na vida e na morte.

Ó Virgem da Medalha Milagrosa, fazei que os raios luminosos que irradiam de vossas mãos iluminem minha inteligência para melhor conhecer o bem e abrasem meu coração com muita fé, esperança e caridade.

Ó Virgem da Medalha Milagrosa, fazei que a luz da vossa Medalha brilhe sempre diante de meus olhos, suavize as penas da vida presente e me conduza à vida eterna.

Rezar três Ave-Marias, acrescentando em cada uma: "Ó Maria concebida sem pecado, rogai por nós que recorremos a vós".

Virgem Imaculada da Medalha Milagrosa, a vós peço com toda confiança... (falar a graça que se deseja alcançar).

Virgem Imaculada da Medalha Milagrosa, intercedei por... (falar o nome da pessoa pela qual se está fazendo a novena).

Orações

Oração 1

Santíssima Virgem, eu creio e confesso vossa santa e Imaculada Conceição, pura e sem mancha. Ó puríssima Virgem Maria, por vossa conceição imaculada e gloriosa prerrogativa de Mãe de Deus, alcançai-me de vosso amado filho a humildade, a caridade e a obediência, a castidade, a santa pureza de coração, de corpo e espírito, a perseverança na prática do bem, uma santa vida e uma boa morte e a graça... Que peço com toda confiança. Amém.

Oração 2

Ó Imaculada Virgem Mãe de Deus e nossa Mãe, ao contemplar-vos de braços abertos, derramando graças sobre os que vo-las pedem, cheios de confiança na vossa poderosa intercessão, inúmeras vezes manifestada pela Medalha Milagrosa, embora reconhecendo as nossas inúmeras culpas, acercamo-nos de vossos pés para vos expor, durante esta oração, as nossas mais prementes necessidades.

(Momento de silêncio e de pedir a graça desejada.)

Concedei, pois, ó Virgem da Medalha Milagrosa, este favor que, confiantes, vos solicitamos, para maior glória de Deus, engrandecimento do vosso nome e o bem de nossas almas. E, para melhor servirmos ao vosso Divino Filho, inspirai-nos profundo ódio ao pecado e dai-nos coragem de nos afirmar sempre como verdadeiros cristãos. Amém.

Rezar três Ave-Marias e depois: Ó Maria, concebida sem pecado, rogai por nós que recorremos a vós.

Ladainha de Nossa Senhora da Medalha Milagrosa

Senhor, tende piedade de nós.
Jesus Cristo, tende piedade de nós.
Senhor, tende piedade de nós.

Jesus Cristo, ouvi-nos.
Jesus Cristo, atendei-nos.

Pai celeste, que sois Deus, tende piedade de nós.
Deus Filho, Redentor do mundo, tende piedade de nós.
Deus Espírito Santo, tende piedade de nós.
Santíssima Trindade, que sois um só Deus, tende piedade de nós.

Santa Maria, Rainha dos Mártires, rogai por nós.
Nossa Senhora da Medalha Milagrosa, rogai por nós.

Nossa Senhora da Medalha Milagrosa, Mãe de Deus, rogai por nós.

Nossa Senhora da Medalha Milagrosa, que nos concedeis todas as graças, rogai por nós.

Nossa Senhora da Medalha Milagrosa, medianeira junto a Deus, rogai por nós.

Nossa Senhora da Medalha Milagrosa, que tudo consegueis junto a Deus, rogai por nós.

Nossa Senhora da Medalha Milagrosa, Santa Maria, rogai por nós.

Nossa Senhora da Medalha Milagrosa, filha do Pai Eterno, rogai por nós.

Nossa Senhora da Medalha Milagrosa, Virgem Mãe de Jesus, rogai por nós.

Nossa Senhora da Medalha Milagrosa, rainha das famílias, rogai por nós.

Nossa Senhora da Medalha Milagrosa, protetora das crianças, rogai por nós.

Nossa Senhora da Medalha Milagrosa, protetora da juventude, rogai por nós.

Nossa Senhora da Medalha Milagrosa, amparo da velhice, rogai por nós.

Nossa Senhora da Medalha Milagrosa, refúgio dos pecadores, rogai por nós.

Nossa Senhora da Medalha Milagrosa, força dos que trabalham, rogai por nós.

Nossa Senhora da Medalha Milagrosa, auxílio dos cristãos, rogai por nós.

Nossa Senhora da Medalha Milagrosa, esperança dos que sofrem, rogai por nós.

Nossa Senhora da Medalha Milagrosa, enfermeira dos doentes, rogai por nós.

Nossa Senhora da Medalha Milagrosa, rainha dos apóstolos, rogai por nós.

Nossa Senhora da Medalha Milagrosa, rainha dos mártires, rogai por nós.

Nossa Senhora da Medalha Milagrosa, rainha de todos os santos, rogai por nós.

Nossa Senhora da Medalha Milagrosa, auxiliadora nos momentos de aflição, rogai por nós.

Nossa Senhora da Medalha Milagrosa, rainha da misericórdia, rogai por nós.

Nossa Senhora da Medalha Milagrosa, consoladora nas angústias, rogai por nós.

Nossa Senhora da Medalha Milagrosa, fortaleza nas perseguições, rogai por nós.

Nossa Senhora da Medalha Milagrosa, mãe do povo de Deus, rogai por nós.

Nossa Senhora da Medalha Milagrosa, mãe da Igreja, rogai por nós.

Nossa Senhora da Medalha Milagrosa, mãe santíssima, rogai por nós.

Nossa Senhora da Medalha Milagrosa, mãe que jamais desampara um filho aflito, rogai por nós.

Nossa Senhora da Medalha Milagrosa, mãe amada, rogai por nós.
Nossa Senhora da Medalha Milagrosa, mãe querida, rogai por nós.
Nossa Senhora da Medalha Milagrosa, mãe generosa, rogai por nós.
Nossa Senhora da Medalha Milagrosa, mãe compassiva, rogai por nós.
Nossa Senhora da Medalha Milagrosa, mãe puríssima, rogai por nós.
Nossa Senhora da Medalha Milagrosa, santa de bondade e poder, rogai por nós.

Cordeiro de Deus, que tirais o pecado do mundo, perdoai-nos, Senhor.
Cordeiro de Deus, que tirais o pecado do mundo, atendei-nos, Senhor.
Cordeiro de Deus, que tirais o pecado do mundo, tende piedade de nós, Senhor.

Jesus Cristo, ouvi-nos.
Jesus Cristo, atendei-nos.

Rogai por nós, Nossa Senhora da Medalha Milagrosa.
Para que sejamos dignos das promessas de Cristo.